MADERA DE SUEÑOS

Amelia Serraller Calvo

MADERA
DE SUEÑOS

 Ondina Ediciones

 Ondina Ediciones

© Texto: Amelia Serraller Calvo
© Edición: Ondina Ediciones
© Ilustraciones: Martín Andrade

ISBN: 979-13-991443-8-3
Depósito legal: M-9497-2026
Primera edición: abril de 2026

Facebook: **Ondina Ediciones**
Instagram: **@ondinaediciones**
www.ondinaediciones.com
info@ondinaediciones.com

Impreso en España

Ilustración de Martín Andrade

ÍNDICE

MADERA DE SUEÑOS

Por Alberto Morate

¡Ay, ay, ay! Comienza **Amelia Serraller** con un título muy sugerente, **Madera de Sueños**, simbolizando, por un lado, la nobleza de la madera, surgida del tronco y las ramas de los árboles, que ha servido para la construcción de casas, barcos, otros medios de transporte, que se utiliza para muebles, camas, soportes, por supuesto para realizar arte, tallas, esculturas, que da calor cuando se hace leña de ella, y de la que sale el papel, medio imprescindible para poetas y escritores.

Y, por otro lado, los sueños. Imágenes creadas en la mente, historias, sensaciones vividas, anhelos, que se nos producen, generalmente, a través de las emociones, los recuerdos, deseos, miedos.

Amelia Serraller aúna ambos sustantivos creando, ya de por sí, una imagen de nobleza y transmisión comunicativa donde, por medio de sus poemas, nos reunirá lo humano, el pasado, los sentimientos de experiencias, personas, ciudades, hechos sociales.

¿Luz oscura el amor? Posiblemente. Pero siempre renacer, amanecer a la naturaleza, tierra y cielo, árbol y vuelo. Y de ahí, a la nostalgia de sus 20 años en Cracovia, siempre presente, celebración de momentos compartidos, el ayer, la distancia, pero todo esto no exento de humor, de seducción, de juego.

Así finalizaría esta primera parte de **Madera de Sueños**, estructurada en seis en total, donde también nos contará la poeta, los conflictos humanos y sociales, los paisajes que la marcaron y las ciudades que formaron parte de su identidad. Una reflexión poética sobre la existencia, sobre su actividad personal, sobre sus sueños grabados o esculpidos o pintados en la madera de su corazón.

Y algunos "Retratos en sepia", su aita, el cáliz que ya no contiene la sangre de Antonio Mata, la gacela de amor de los rascamanes, versos escuetos y admirados capitanes de la poesía, para llegar a las entrañas de la humanidad y sus desmanes, a las aciagas noticias diarias de conflictos bélicos, palabra no escrita de la violencia, de la invasión, de la vorágine social que convierte el existir en locura y el sentimiento en oscuridad en la sensación de no poder hacer nada contra la muerte y la destrucción. *"Confieso que estoy viva, no os sirvo para nada"*.

Mas la luz no está agazapada todavía del todo. Madrid, Buenos Aires, Donosti, Bilbao, cruzan sus caminos en una miscelánea territorial, donde el viento se inquieta y arrebola las mejillas, se despeina el tiempo, y entremezcla las postales del ayer con los paisajes del mañana.

Amelia Serraller tiene madera y sueños al son de los acordes de su guitarra. Aunque se cuestione quién es, se revuelva entre recuerdos, comprende que está aquí desde siempre, para plantarle cara al narcisismo, a la petulancia, al engreimiento, al engaño, a los desprecios. Y no podrán con ella ni energúmenos egoístas, ni la Inteligencia Artificial, ni ostentosos poetas de tres al cuarto.

Para ello se sobrepone, se asoma a los silencios y se empapa de lluvia de palabras, de pequeños poemas y guiños buscando sus pasiones, en el mismo interior de las estrellas, si hiciera falta, ante los ignorantes del mundo, ante la rutina digital, con ironía y suficiente sarcasmo, coronada de nada, y sin caer en las trampas de los reencuentros no deseados. Sale, por tanto, de esa niebla final **Amelia** para rebelarse contra las sombras, para incendiar de pasión los cuerpos ajados, para erigirse sin corona un nimbo de **Madera de sueños**, vals de este libro, golondrina violeta, abanico en noches de insomnio y luna llena.

I Amor, luz oscura

Re-nacimiento

Amanezco,
la vida mece mis pupilas,

aspiro la brisa
y bebo la luz
de mi sombra
en primavera.

La Sra. Woolf
lo llamó una habitación propia.

Se acabó
la angustia
de luchar por algo
que no existe:
~~Nosotros.~~

(09.04.2024)

Tierra y cielo

A veces soy árbol
y extiendo mis ramas
en señal de cobijo.

Otros días
quiero volar,
pero siento vértigo.

Me encaramo
y mido la distancia
entre cielo y suelo.

Mecida por el sol,
soñadora y leve,
muto en hoja.

A mi copa,
el acordeón del viento,
aviva y confunde.

Ojalá la tierra
me acoja el día
de mi caída.

(09.10.2024)

Cracovia de mis veinte años

Hace veinte años
que nos conocimos,
luz de mis días de abril.
Hace veinte años
cuánto nos quisimos,
pero tuve que partir.

En el país de las nieves
hablábamos sin parar,
la distancia nos unió;
Hace veinte años,
aprendimos a soñar,
cena y velas para dos.

Cada viaje fue un adiós
al ego y a las espadas.
Te llamé en una noche abierta
y ardimos en soledad,
al alba de tus palabras…
¡Veinte años nada más!

(01.01.2026)

Ilustración de Martín Andrade

Pendientes

Recuerdo bien aquel verano
juntos, entre rocas y mar,
marea secreta de sueños.

Y de repente, el regalo
que todo lo quiebra:
unos pendientes turquesa.

Intuí la galerna, ¿me los quito?
Pendientes bajo el temporal,
¿éramos dos o ninguno?

Milonga del ayer

Tan alegre e incomprendido,
cantando viniste, amor,
susurro ensordecedor,
entre murmullo y rugido.

En medio de la rutina,
dadme libros y cantares,
impacientes despertares,
y secretos de cocina.

Del rosa **al rouge** *(limerick)*

Anuncia la tele San Valentín,

así que saludo con mi bombín,

perfumada con otra piel.

¡Adiós a las lunas de hiel!

Mejor que bombones es el **carmín.**

Blanco roto

Con los ojos cerrados,
vestida de café,
respiro mar y cielo.

Como una planta
carnosa, busco
sol en tu sombra.

Es la euforia de un día
en blanco roto.
Un, dos, tres ¡fuego!

Al misterio

Música callada del recuerdo,
sol que calienta en invierno;
el deseo hecho palabra.
Lluvia en el desierto
de la melancolía.

Un puñetazo
en medio de la rutina;
salir al balcón de noche,
el aullido de la luna;

correr por un gran parque
casi sin contaminación.
Son tus sueños y temores
que otro ya narró…

Lágrimas furtivas,
aire sin mascarilla,
reírse con los amigos,
una canción prohibida...

O cuando la Belleza
te invade, en la ciudad
de la prisa y el ruido,
donde compartes tu Soledad.

II Retratos en sepia

A todo un chicarrón del norte

Un día, aita, te irás
y ya no habrá cine,
escapadas ni debate.

¿Qué será del fútbol,
y de hacer el gamberro,
si ya no te cuela
quien da ejemplo?

A solas, afrontarás
en silencio tu destino,
infarto sombrío.
O te arrollará un coche
en uno de tus cruces locos.

No corras, aita,
a tirarte al agua
o colgar el sombrero.

Porque ese día, padre,
moriremos contigo.

(19.03.2024)

Ilustración de Martín Andrade

Al vivo Antonio

Al poeta y amigo Antonio Mata Huete

Ojos de niño,
voz atronadora,
Antonio es único:
cuando recita, llora.

De afectos profundos,
nunca para quieto.
Le indigna la guerra,
y escribe un soneto.

Siempre sociable
y algo bromista,
con mil iniciativas,
filósofo y escapista.

¿Cómo lo hacía
para engullir el cocido
y emular a Quevedo,
pintando en el vacío?

(12.05.24)

Morir en la tertulia (de los Rascamanes)

> Y si he de morir,
> que sea en un día de tertulia,
> mientras los compañeros recitan,
> y Javier nos acerca la cámara
> con paciencia infinita.

Ante la desnudez del paisaje
y la verdad del poema,
Javier crece
en elocuentes silencios.

Como arena
que inunda cada recuerdo;
como el agua,
que da la vida y arrolla,
como el fuego,
que alumbrando, mata,
Javier crece,
palabra a palabra.

(30.08.2025)

Narcipejo

Nariz protuberante
de infame Poseidón;
ojos negros saltones,
bigote de Charlot.

Voz aguda cual móvil,
–cruel despertador–
tu alto y huesudo cuerpo
choca con el ardor
de tu aliento a cerveza.

Con formas de matón
y colmillos de fiera
carente de valor,
eres falsa quimera,
una oda al desamor.

Marina de Chagall

A mi tío Paco

Veo tu gabardina y el sombrero.
Camuflado entre libros y retratos,
saluda Paco. ¿Qué decir, vaquero?
Mejor nos beberemos tus relatos.

Como en un óleo vivo de Chagall,
navegaste a los cielos con Marina.
Blancas tus noches de tinta y silencio,
presentes ellos, recuerdo y morfina.

Miniatura

A la poeta Natalia de Juanes

Tan solo un verso,

un verso blanco,

un verso libre,

copla y quebranto.

Un solo aliento,

ese es mi canto;

poema tigre,

cielo y amianto.

Capitán Aure

A Aureliano Cañadas, niño y sabio

Niño de saudade,
parco de palabras
pero pródigo en gestos;
compañero cómplice,
tu ausencia nos arde
en cada tertulia.

En este circo
sin pan de las letras,
regalabas, sutil,
con tu mirada sagaz.
Conocías el enigma
que esconden las piedras.

Intrépido capitán,
alegre y nunca de más,
vuela tu poesía,
certera flecha,
leve y profunda
como la mar…

(20.04.2025)

III Del humano conflicto

Un mundo de ausentes

Ese niño sin padres,
grita arena, humo y sal.
Sale el sol en la franja;
sigilosa, Gaza agoniza.

Caen civiles en Europa
—«conflicto híbrido»—, dicen
de los misiles que borraron
la insondable Mariupol.

Y tú mientras, enciendes
y apagas el televisor:
«Nuevo salto a la valla,
treinta heridos no más».

De Cuba a Venezuela,
de Bielorrusia a Irán,
abren las cárceles,
ciñen ceños y velos.

Luchemos con los puños
alzados por la paz.
Llegó el vals de los flashes:
cumbre presidencial.

Venden más armas,
levantan otro muro.
Enmudeció
el niño que gritaba.

Es una edad
aún temprana
para la soledad.

Es una edad
ya muy tardía
para olvidar.

(14.11.24)

Balada ucraniana

La tierra fértil en llamas,

hombres y civiles mueren

de pie, al tiempo que hieren

al cruel invasor de Ucrania.

Lejos, niños y mujeres;

cerca, sus ancianos padres

en medio de tanta sangre,

sin agua, luz ni enseres.

Es un futuro el que añoran;

pasó su vida y no vuelve,

es la muerte su presente,

la codicia les devora.

Rusia supo de invasores,

pero se tornó agresora;

mientras, Europa deshoja

margaritas de dolores.

Un pueblo es ya un universo,

¿cómo podrá refugiarse?

Una cultura sin arte,

voz que clama en el desierto.

Gritos que eran susurros

A las víctimas de la violencia de género

Pasos   apresurados

por el portal

            interrumpidos

por un roto   suspiro   ronco.

Salen a la calle,

y calla el viento;

pero nadie se detiene

a admirar a la dama,

porque nadie sabe,

nadie entiende,

qué se esconde

bajo el velo de sus lágrimas.

Sutil inutilidad

¿Y si solo servimos

para soñar

en este agotador

baile de la nada?

¡Abajo los mercados,

las cuotas y los lobbies!

No quiero esta vida de prisas,

de identidad hipotecada

en las redes sociales;

Quedaos con la explotación

de recursos y seres.

Con esta carrera de ratas

precarias que se matan

por ascender.

Confieso que estoy viva,

no os sirvo para nada.

Dime, filósofo,

¿qué es esta era

de autismo y oenegés?

La eterna juventud

de los adictos a la técnica.

Confieso que estoy viva,

no sirvo para vuestra nada.

Entre tantos frustrados,

te atreviste, poeta,

a imaginar otro universo

sin contaminación,

ni vallas electrificadas.

Retumba a lo lejos la guerra.

En vez de retirar los ojos,

tú, que habitas el territorio

de sueños imposibles,

gritas en un mundo gregario.

IV Postales del ayer,

paisajes del mañana

Por las calles de Madrid

Música intermitente,
todo gris y verde
en este septiembre.

Paseamos ahora
por los futuros
pasados,

brindamos por
el porvenir
con kimchi;

es música
el picante silencio
de tu sonrisa.

(28.09.25)

Romanza porteña

Ciudad de música y furia,
con tu río verde plata;
de sombra y eterno azul,
con el cielo negro en llamas.

Nunca duermes, Buenos Aires,
la intensa luz de tus calles
silba a los libertadores
los secretos del presente.

Cien mil hileras de árboles
y ochocientas diez fuentes
alimentan al gentío
por tus infinitas calles.

Un enigma el porvenir;
cada sombra, mar de olores.
Café, tango y sensaciones
en constante devenir.

Miramar

Donostia/San Sebastián

¿Por qué será

que donde hubo

algún conflicto

la poesía estalla?

Rugen las olas,

las rocas quietas

al sol esperan;

un nadador

desafía a la noche,

abuelo y nieto pescan

a solas, la marea

de secretos y conchas

remonta al alba.

Felices son los muertos:

graznan gaviotas

contra la espuma

sedosa del silencio.

(Semana Santa 2023)

Bilbao, un día gris

Cae la lluvia
sobre mi piel
desnuda de tus abrazos.
Por el Gólgota
de los recuerdos
asciendo y caigo.

Bilbao, ciudad obrera
y templo del mañana.
Pura electricidad:
Eres monte, eres ría,
certeza y misterio,
soledad y gritos…

Catedral del moderno
arte, febril mosaico,
por San Mamés de pintxos,
entre bandas y parques
yo perdida me encuentro.

Bilbao, no eres de nadie…
y también un poco mía.

(30.12.2025)

Ilustración de Martín Andrade

Mosaico

Nací en Madrid,
de madre donostiarra
y familia paterna sefardí.

Mi infancia es el Retiro,
pero también la Rambla Vella
Scipionum opus.

Cada vez que os enfilo,
escarpados
                 callejones
                       del Serrallo
revivo entre los gitanos
sones de la charanga.

Y recuerdo a la Santitat,
al Antoni y la Florentina.
La Tabacalera y a sus *dones*,
a Serrat, Bonnin y el *Testament d´Amelia*...

El día en que descubrí,
cortesía inquisitorial,
a los primeros Serraller
en Catalunya, siglo XIII.

Cambia raudo mi acento,
el humor se torna burlón
y para no hacer una fácil
concesión a la nostalgia,

oigo cómo el Xavi
y la Rosa gritan:
«ya llegó la de Madrid».
Y sonrío: he vuelto a casa.

Canción del migrante

(Homenaje al maestro)

A todos los refugiados de este cruel mundo

Ávila.
Nevada y sola.

Vacía el llano la luna
llena con su sombra pálida.
Aunque sepa mi destino,
yo nunca llegaré a Ávila.

Por la nieve, por las piedras,
senda roja, noche ávida,
la muerte me está llamando
desde las almenas de Ávila.

¡Ay qué silencio tan grande!
¡Ay, yerma meseta mágica!
¡Ay que la muerte me aguarda
entre las almenas de Ávila!

Ávila.
Nevada y sola.

V Madera y sueño

Madera de sueños

Vivo entre hojas
de mil colores
como recuerdos.
Traduzco y escribo,
enseño y aprendo.

Vuelo rasgando
caja y bordón
de una guitarra.
Es mi madera
hecha de sueños.

Negativo

No soy agente en bolsa,

ni esa niña callada

de esquinas quietas.

Ni falsa, ni sensata;

tampoco una muñeca;

confieso con honra, confusa:

«ya no soy donde era».

Has llegado…

Has llegado,
a ese punto de la noche
donde no se espera el día.

Has llegado,
con la frente alta
y la esperanza aún no marchita.

Viajes, antepasados,
amigos que ya son familia,
Niños, mascotas,
familia que se volvió amiga.

Hoy y siempre,
en la música de la memoria,
te susurran a gritos:
«¡has llegado, Amelia, disfruta!»

Vacío

No, ya no quiero
la compasión de tus amigos,
ni más viernes a solas.
Detesto tus desprecios,
ese mismo concierto
una y otra vez.

Escuché sin pestañear
tus excusas y milongas.
Por ti anduve entre cristales,
aunque me negabas
más veces que Pedro.

Descalza, sobre la ardiente
arena del gélido desierto,
te oía hablar con otras.
Yo de guardia en los juzgados,
tú burlando mi trabajo.

Siempre tumbado y en redes,
me pregunto: «¿Qué sabrás
de la vida tú, Narciso,
si nunca has estado
entre rejas?»

Un presente ArtIficial

A mis fieros poetas de La Piscifactoria

Eres

un robot increíblemente humano,

existes

sin tiempo, en el espacio virtual;

lloras

solo entre los limbos del metaverso,

produces

en cualquier red social,

creas

perfiles y avatares

que devoran tu sangre;

suspiras

en este valle de los ecos,

lágrimas huecas

de orfandad animal.

A mi merced

Quiero sentir yo tu desgarro,

pequeño animal herido,

que haga de mi cuerpo barro,

víctima del amor vampiro.

VI Greguerías y guiños

Templo de Debod

Amanecer
o morir con la luz
de un nuevo día.

Cántico reflejo

(Amémesis)

¿Adónde te marchaste,
infancia, en silencio y sin aviso?
Cual ladrón, me burlaste
corriendo por el piso;
ronco Eco de los sueños de Narciso.

Buscando mis pasiones,
surcaré océanos, montes y eras;
ni regalaré dones,
ni evitaré a las fieras,
y someteré al miedo y las fronteras.

Métrico desvivir

Vivo sin vivir en ti,
y tan bajo el ego siento,
que declino los pasados.

Este febril purgatorio
del silencio en que escribo,
me vacía de presencias.

Vivo sin mí, tú ni él;
a ratos como y hablo,
pero muero de desiertos.

Gra-nada

Rojos bocados
de tierra.
Pepita a pepita,
estallan
dulces recuerdos.

In-móvil-izada

Animal despiadado,
que llenas la rutina
de ruidos estridentes
y fotos en sordina,

mas mutas otras veces
en el astuto zorro
que espía agazapado
nuestra vida indecente.

Reencuentro

Después de tanto tiempo
nos volvemos a ver.
Esta vez llegas antes.
¿Qué decirte, amor?

¿Que corro por el laberinto
de las calles de Moratalaz,
con el abrigo olvidado
de un alumno? ¡Si no lo concibes!

Escucho pues tus milongas
sin dejarme impresionar.
Hablamos con silencios,
elipsis y miradas.
Es extraño, atiendes:
preguntas si mejoré.

Siento frío y más fuego;
intuyo lo que buscas
con tanta falsedad.
«No sigo en el despacho»:
Esta vez mentí yo,
mirándote a la cara.

Apartaste la vista,
a la primera prueba.
Te lo creíste y yo ya no.
¡Ay amor!, te mentí,
para que Buenos Aires
fuera un instante Madrid.

Pero el futuro fue el olvido,
y el presente se nos pasó.
Sólo anhelabas mis contactos,
ya no era el tiempo de dar gritos.

En medio del ruido y la nada,
cuando suspires, cuando calles,
recuerda mi sonrisa, amor:
Quise saber si te importaba.

Dos bajo la niebla

"Vete a ensillar el mar,
ponle bridas al viento
y podrás encontrar tu lugar"
(Proverbio chino)

Cercados por la niebla,
suspiros del mañana.
Palabras recién dichas,
soledades en llamas.

Ilustración de Martín Andrade

Esta edición de

MADERA DE SUEÑOS

de Amelia Serraller Calvo

se terminó de imprimir

en abril del año 2026.

Ondina Ediciones